About Reptiles

Sobre los reptiles

For the One who created reptiles.
—*Genesis* 1:24

Para Aquél que creó a los reptiles.
—*Génesis* 1:24

Published by
PEACHTREE PUBLISHERS
1700 Chattahoochee Avenue
Atlanta, Georgia 30318-2112
www.peachtree-online.com

Text © 1999, 2016 by Cathryn P. Sill
Illustrations © 1999, 2016 by John C. Sill
Spanish translation © 2016 by Peachtree Publishers

First bilingual edition published in paperback in 2016

Also available in an English-language edition
ISBN 978-1-56145-907-0 (hardcover)
ISBN 978-1-56145-908-7 (paperback)

Edited by Vicky Holifield
Spanish translation: Cristina de la Torre
Spanish-language copy editor: Hercilia Mendizabal
The publisher thanks Arturo Cruz for his guidance with the Spanish reptile names.

The illustrations were rendered in watercolors.

Printed in April 2016 by Imago in Singapore
10 9 8 7 6 5 4 3 2 1

ISBN 978-1-56145-909-4

Cataloging-in-Publication Data is available from the Library of Congress.

About Reptiles
Sobre los reptiles

A Guide for Children / Una guía para niños

Cathryn Sill

Illustrated by / *Ilustraciones de* John Sill

Translated by / *Traducción de* Cristina de la Torre

PEACHTREE
ATLANTA

Reptiles have dry, scaly skin.

Los reptiles tienen la piel seca y escamosa.

Some reptiles have a hard, bony plate.

Algunos reptiles están cubiertos de placas duras como huesos.

Reptiles have short legs...

Los reptiles tienen las patas cortas...

PLATE 3 / LÁMINA 3
Texas Horned Lizard / *lagarto cornudo*

or no legs at all.

o simplemente no tienen patas.

They move by crawling...

Se mueven reptando…

or by swimming.

o nadando.

Reptiles need warm temperatures.

Los reptiles necesitan temperaturas templadas.

PLATE 7 / LÁMINA 7
Collared Lizard / *lagarto de collar*

Many stay underground in cold winter weather.

Muchos pasan los días fríos del invierno
bajo tierra.

PLATE 8 / LÁMINA 8
Bog Turtle / tortuga de pantano

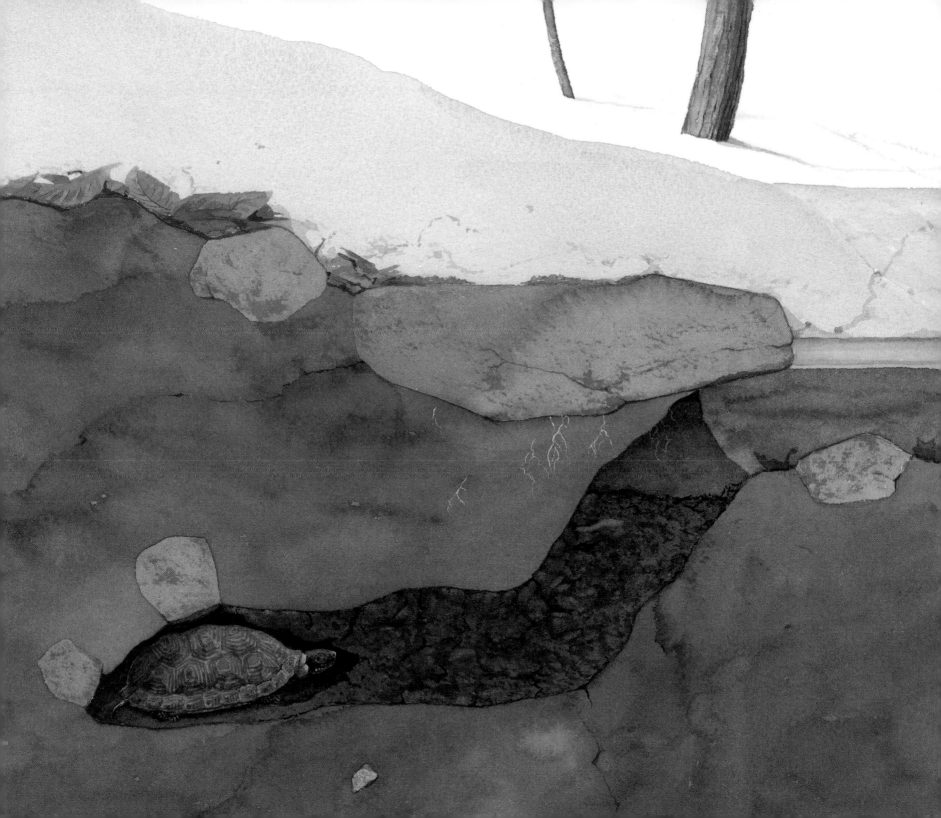

Most reptiles hunt and eat other animals.

La mayoría de los reptiles caza y se alimenta
de otros animales.

PLATE 9 / LÁMINA 9
Corn Snake / serpiente de maíz

A few eat plants.

Unos pocos comen plantas.

Some reptiles use venom to capture their prey.

Algunos reptiles usan veneno para capturar
a su presa.

Baby reptiles hatch from eggs.

Las crías de los reptiles nacen de huevos.

Some reptile mothers carry the eggs inside their body until they are ready to hatch.

Algunas hembras llevan los huevos dentro del cuerpo hasta que las crías están listas para romper el cascarón.

Young reptiles take care of themselves as soon as they hatch.

Los reptiles saben cuidarse solos desde que salen del cascarón.

PLATE 14 / LÁMINA 14
Loggerhead Turtle / *tortuga boba*

Reptiles are important to us. We need to protect them and the places where they live.

Los reptiles son importantes para nosotros. Tenemos que protegerlos a ellos y los lugares donde habitan.

Afterword / Epílogo

PLATE 1

There are around 10,000 species of reptiles in the world. The four main groups of reptiles are lizards and snakes, turtles and tortoises, crocodiles and alligators, and tuatara. Reptiles live in almost every habitat and on every continent except Antarctica. Folds in the skin form the scales of reptiles. The scales may be big or small, smooth or bumpy. Rough Green Snakes have scales with ridges or keels down the center. They live in trees and shrubs in parts of the United States and northeastern Mexico.

LÁMINA 1

Hay alrededor de 10.000 especies de reptiles en el mundo. Los cuatro grupos principales de reptiles son los lagartos y las culebras, las tortugas de tierra y las marinas, los cocodrilos y los caimanes, y los tuátaras. Los reptiles habitan en casi todos tipos de hábitats y en todos los continentes menos Antártida. Los pliegues de la piel de los reptiles forman sus escamas. Estas escamas pueden ser grandes o pequeñas, lisas o abultadas. Las escamas de la culebra verde áspera norteña tienen cordoncillos o rugosidades en el centro. Viven en árboles y matorrales en partes de Estados Unidos y el noreste de México.

PLATE 2

The shells of turtles and tortoises protect their soft bodies. Land tortoises usually have high dome-shaped shells. Turtles that live in water have flatter shells to help them swim more easily. Box turtles are able to pull in their head and legs and close their shells completely to escape predators. Eastern Box Turtles live in moist forests, meadows, and floodplains in the eastern United States.

LÁMINA 2

Los caparazones de las tortugas de tierra y de las marinas protegen sus cuerpos blandos. Los de las tortugas de tierra suelen ser altos como bóvedas. Los caparazones de las tortugas que viven en el agua son más planos para nadar con mayor facilidad. Las tortugas de caja del este son capaces de esconder la cabeza y las patas, y cerrar el caparazón completamente para evadir a sus predadores. Las tortugas de caja del este habitan los bosques húmedos, las praderas y las llanuras inundables del este de Estados Unidos.

PLATE 3

Many lizards are able to move quickly on their short legs to capture prey or escape from danger. Texas Horned Lizards, commonly called "horned toads," have sharp spines that help protect them. They sometimes puff their bodies up to make it hard for another animal to swallow them. If these forms of defense fail, Texas Horned Lizards can squirt predators with a stream of blood from the corners of their eyes. They live in the central southwestern United States and northern Mexico.

LÁMINA 3

Muchos lagartos se mueven rápidamente con sus patas cortas para capturar a sus presas o escapar del peligro. El lagarto cornudo tiene espinas afiladas que lo protegen. A veces inflan su cuerpo para impedir que otros animales puedan tragárselos. Si estas formas de defensa fracasan, los lagartos cornudos pueden rociar a sus predadores con un chorro de sangre que sale de las venas en los extremos de sus ojos. Habitan las zonas centrales del suroeste de Estados Unidos y el norte de México.

PLATE 4

There are several groups of lizards that have no legs. Some legless lizards are called "glass lizards" because their tail will break into several pieces when grabbed by a predator. The broken tail causes confusion that often allows the lizard to escape. Slender Glass Lizards live in dry grassland and open woods in the southeastern United States.

LÁMINA 4

Hay varios grupos de lagartos que no tienen patas. Algunos de estos se conocen como "lagartos de cristal" porque la cola se les quiebra en pedazos cuando la agarra un predador. Al quebrarse la cola, los predadores se confunden y, a menudo, los lagartos logran escapar. El lagarto de cristal delgado habita los pastizales y los bosques abiertos del sureste de Estados Unidos.

PLATE 5

Legless lizards and snakes move by pushing their bodies against rough places and moving forward. Lizards, turtles, and crocodiles move on their legs with their bodies close to the ground. Five-lined Skinks sometimes climb in the lower parts of trees to look for insects and spiders to eat. Young Five-lined Skinks have bright blue tails that change to brown as they grow. They live in the eastern United States.

LÁMINA 5

Los lagartos sin patas y las culebras se mueven hacia delante empujándose contra superficies ásperas. Los lagartos, las tortugas y los cocodrilos se mantienen muy cerca del suelo al moverse con sus patas. Los eslizones de cinco líneas a veces trepan las partes bajas de los árboles en busca de insectos y arañas que comer. La cola de los eslizones de cinco líneas es azul brillante cuando son jóvenes y cambia a marrón al madurar. Habitan zonas del este de Estados Unidos.

PLATE 6

Sea turtles spend most of the time in water. Many of them migrate long distances between their feeding grounds and the beaches where they nest. Green turtles swim mostly along coastlines. They are endangered because of hunting, egg gathering, entrapment in fishing gear, disease, and loss of nesting sites on beaches. Green Sea Turtles live in tropical and subtropical oceans worldwide.

LÁMINA 6

Las tortugas marinas pasan la mayor parte del tiempo en el agua. Muchas de ellas migran grandes distancias entre sus comederos y las playas donde anidan. Por lo general las tortugas verdes marinas nadan cerca de la costa. Están en peligro de extinción debido a los cazadores y a los recolectores de sus huevos, a que a veces se quedan atrapadas en las redes de los pescadores, a enfermedades y a la pérdida de sitios de anidación en las playas. Las tortugas verdes marinas habitan los mares tropicales y subtropicales del mundo entero.

PLATE 7

Reptiles are cold-blooded. Their bodies are the same temperature as their surroundings. Unlike warm-blooded animals, whose bodies produce heat, reptiles use outside sources of heat, such as the sun, to keep warm. In very hot weather they find a cool place and become inactive. This sleeplike state of inactivity is called "estivation." Collared Lizards can be found basking on rocks during sunny weather. They live in the western United States and northern Mexico.

LÁMINA 7

Los reptiles son animales de sangre fría. Su cuerpo tiene la misma temperatura que su entorno. A diferencia de los animales de sangre caliente cuyo cuerpo produce calor, los reptiles usan fuentes externas de calor, como el sol, para mantenerse templados. Cuando hace mucho calor buscan un lugar fresco y permanecen inmóviles. Este estado de inactividad se llama "estivación". En días soleados se puede ver a los lagartos de collar echados sobre las rocas. Habitan el oeste de Estados Unidos y el norte de México.

PLATE 8

In very cold weather, reptiles find places where the temperatures stay above freezing. There they enter a sleeplike state called "brumation." They remain there until the weather warms up. Bog Turtles spend up to six months each year in brumation. They live in wetland areas, including bogs, wet meadows, and slow-moving streams, in parts of the eastern United States. Bog Turtles are critically endangered. Many of the wetlands where they live are being drained and destroyed for roads and development.

PLATE 9

Reptiles that live on land eat just about anything they can catch, including insects, rodents, eggs, and other reptiles. Those that live in water hunt fish, frogs, and other water animals. Larger reptiles are able to eat bigger prey. Corn Snakes are constrictors. They coil their body around the prey and squeeze until it suffocates. Corn Snakes live in the southeastern United States.

PLATE 10

Many tortoises and turtles are not fast enough to catch other animals so they eat plants. They sometimes eat insect larvae, worms, snails, and other slow-moving animals. Desert Tortoises eat grasses, leafy plants, and parts of cactuses. They live in the deserts of the southwestern United States and northwestern Mexico.

PLATE 11

Some, but not all, snakes are venomous. Venom is a type of poisonous saliva that some snakes inject into the bloodstream of their prey through hollow teeth called "fangs." The venom paralyzes the prey and makes it easier to swallow. Rattlesnakes are a group of venomous snakes that live in North and South America. The Eastern Diamondback Rattlesnake (8 feet or 2.4 meters) is the largest venomous snake in North America. They live in the coastal plain of the southeastern United States.

LÁMINA 8

Cuando hace mucho frío los reptiles buscan sitios donde las temperaturas se mantienen por encima del punto de congelación. Allí se instalan y entran en un estado como de sueño llamado "brumación". Habitan zonas de pantanos, incluyendo ciénagas, praderas de inundación y arroyos lentos en zonas del este de Estados Unidos. Las tortugas de pantano están en la lista crítica de los animales en peligro de extinción. Muchos de los humedales que habitan están siendo desaguados para construir carreteras y facilitar el desarrollo.

LÁMINA 9

Los reptiles que viven en tierra comen casi todo lo que pueden atrapar incluyendo insectos, roedores, huevos y otros reptiles. Los que viven en el agua se alimentan de peces, ranas y otros animales acuáticos. Los reptiles de mayor tamaño pueden comer animales más grandes. Las serpientes de maíz son constrictoras. Enroscan el cuerpo alrededor de su presa y aprietan hasta que la ahogan. Las serpientes de maíz habitan el sureste de Estados Unidos.

LÁMINA 10

Muchas tortugas marinas y de tierra no son lo suficientemente rápidas para atrapar a otros animales de modo que se alimentan de plantas. A veces comen larvas de insectos, gusanos, caracoles y otros animales lentos. Las tortugas del desierto comen hierbas, plantas de hojas y partes de cactos. Habitan los desiertos del suroeste de Estados Unidos y el noroeste de México.

LÁMINA 11

Algunas serpientes son venenosas, pero no todas. El veneno es un tipo de saliva que algunas serpientes inyectan, a través de colmillos huecos, en el flujo sanguíneo de su presa. El veneno paraliza a la presa y la hace más fácil de tragar. Las cascabel diamantinas del este son un grupo de serpientes venenosas que habitan América del Norte y del Sur. La cascabel diamantina del este (8 pies o 2,4 metros) es la serpiente venenosa más grande de América del Norte. Habita las llanuras costeras del sureste de Estados Unidos.

PLATE 12

Most reptiles lay eggs with a soft, leathery shell. Some reptiles, such as crocodiles and alligators, lay eggs with a hard shell. Female American Alligators build a nest by using their lower jaws to scoop mud and plants into a mound. They lay eggs on the mound, cover them with more plants, and guard the nest until the young hatch. American Alligators live in rivers, lakes, swamps, and marshes in the southeastern United States.

LÁMINA 12

La mayoría de los reptiles pone huevos que tienen la cáscara suave y coriácea. Algunos reptiles, como los cocodrilos y los caimanes, ponen huevos de cáscara dura. Las hembras de los caimanes del Mississippi construyen su nido empujando con la quijada para amontonar fango y plantas. Ponen los huevos en esa lomita, y luego los cubren con más plantas y los protegen hasta que las crías salen del cascarón. Los caimanes del Mississippi habitan ríos, lagos, pantanos y marismas del sureste de Estados Unidos.

PLATE 13

Some reptile eggs stay inside the mother's body until they are ready to hatch. This protects the eggs from predators and other dangers until the babies are ready to be born. Common Garter Snakes give birth in this way. They have anywhere from 3 to 80 babies at a time. They are one of the most common snakes in North America.

LÁMINA 13

Algunos huevos de reptil permanecen dentro del cuerpo de la madre hasta que están listos para romperse. Esto los protege de predadores y de otros peligros hasta que las crías están listas para nacer. Así lo hace la serpiente de jarretera, que tiene entre 3 y 80 crías a la vez. Es una de las serpientes más comunes de América del Norte.

PLATE 14

A few reptile mothers guard their nests or newly hatched babies for a short time to protect them from predators, but most reptiles lay eggs and leave the nest. Mother sea turtles climb the beach above the high-water line and dig a pit to lay eggs in. They cover the nest with sand and return to the ocean. When the baby turtles hatch, they crawl back to the sea. Many sea turtle nesting sites have been destroyed by development. Loggerhead Turtles live in tropical and temperate oceans worldwide.

LÁMINA 14

Algunas hembras reptiles cuidan sus nidos o sus crías recién nacidas durante un tiempo breve para protegerlos de los predadores, pero la mayoría de los reptiles pone los huevos y abandona el nido. Las tortugas bobas suben más allá de la línea de la marea alta en la playa y cavan un hoyo para poner los huevos. Lo cubren con arena y regresan al mar. Muchas zonas de anidación de las tortugas bobas han sido destruidas por el desarrollo. Las tortugas bobas habitan los templados mares tropicales de todo el mundo.

PLATE 15

Reptiles are a valuable part of our world. Many reptiles provide food for other animals. They eat rodents that destroy crops. Some reptiles, including anoles, eat spiders, cockroaches, and other insects that humans consider to be pests. Anoles are small lizards that live in the Americas. They are sometimes called American chameleons because they can change the color of their skin. Green Anoles live in the southeastern United States.

LÁMINA 15

Los reptiles son una parte muy valiosa de nuestro mundo. Muchos reptiles sirven de alimento a otros animales. Ellos comen roedores que destruyen cultivos. Algunos reptiles, incluyendo los anolis, comen arañas, cucarachas y otros insectos que los humanos consideran plagas. Los anolis son lagartijas que habitan las Américas. A veces se las llama camaleones americanos porque pueden cambiar el color de su piel. Los anolis verdes habitan el sureste de Estados Unidos.

GLOSSARY

endangered—threatened with becoming extinct
extinct—a species of animals or plants with no living members (no longer existing)
fang—a long, sharp tooth
habitat—the place where animals and plants live and grow
predator—an animal that lives by hunting and eating other animals
prey—an animal that is hunted and eaten by a predator
species—a group of animals or plants that are alike in many ways
subtropical—areas close to the tropics
temperate—not very hot and not very cold
tropical—the area near the equator that is hot year-round
tuatara—reptiles that resemble lizards and are only found in New Zealand

GLOSARIO

colmillo: un diente largo y afilado
en peligro de extinción: que puede desaparecer
especie: grupo de animales o plantas que comparte muchas características
extinta: especie de animales o plantas que no tiene miembros vivos (que ya no existe)
hábitat: lugar donde viven los animales y las plantas
predador: animal que caza y se alimenta de otros animales
presa: animal que es cazado y comido por otros animales
subtropical: zona cercana al trópico
templado: ni muy frío ni muy caliente
tropical: zona alrededor del ecuador donde hace calor todo el año
tuátaras: reptiles que parecen lagartos y se encuentran únicamente en Nueva Zelanda

BIBLIOGRAPHY

BOOKS

DK *Eyewitness Books: Reptile* by Colin McCarthy (DK Publishing)
Everything Reptile by Cherie Winner (Cooper Square Publishing)
Peterson First Guide to Reptiles and Amphibians by Roger Conant, Robert C. Stebbins, and
    Joseph T. Collins (Houghton Mifflin)

WEBSITES

kids.sandiegozoo.org/animals/reptiles
www.kidzone.ws/animals/reptiles1.htm
www.arkive.org/reptiles/

ABOUT... SERIES

About Amphibians

978-1-56145-234-7 HC
978-1-56145-312-2 PB

About Arachnids

978-1-56145-038-1 HC
978-1-56145-364-1 PB

About Birds

978-1-56145-688-8 HC
978-1-56145-699-4 PB

About Crustaceans

978-1-56145-301-6 HC
978-1-56145-405-1 PB

About Fish

978-1-56145-256-9 HC
978-1-56145-335-1 PB

About Hummingbirds

978-1-56145-588-1 HC
978-1-56145-837-0 PB

About Insects

978-1-56145-881-3 HC
978-1-56145-882-0 PB

About Mammals

978-1-56145-757-1 HC
978-1-56145-758-8 PB

About Marine Mammals

978-1-56145-906-3 HC

About Marsupials

978-1-56145-358-0 HC
978-1-56145-407-5 PB

About Mollusks

978-1-56145-331-3 HC
978-1-56145-406-8 PB

About Parrots

978-1-56145-795-3 HC

About Penguins

978-1-56145-743-4 HC
978-1-56145-741-0 PB

About Raptors

978-1-56145-536-2 HC
978-1-56145-811-0 PB

About Reptiles

978-1-56145-907-0 HC
978-1-56145-908-7 PB

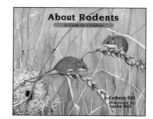

About Rodents

978-1-56145-454-9 HC
978-1-56145-914-8 PB

ALSO AVAILABLE IN BILINGUAL EDITION

• About Birds / *Sobre los pájaros* / 978-1-56145-783-0 PB • About Mammals / *Sobre los mamíferos* / 978-1-56145-800-4 PB
• About Insects / *Sobre los insectos* / 978-1-56145-883-7 PB • About Reptiles / *Sobre los reptiles* / 978-1-56145-909-4 PB

ABOUT HABITATS SERIES

Deserts

978-1-56145-641-3 HC
978-1-56145-636-9 PB

Forests

978-1-56145-734-2 HC

Grasslands

978-1-56145-559-1 HC

Mountains

978-1-56145-469-3 HC
978-1-56145-731-1 PB

Oceans

978-1-56145-618-5 HC
978-1-56145-960-5 PB

Polar Regions

978-1-56145-832-5 HC

Wetlands

978-1-56145-432-7 HC
978-1-56145-689-5 PB

THE SILLS

CATHRYN AND JOHN SILL are the dynamic team who created the *About…* series as well as the *About Habitats* series. Their books have garnered praise from educators and have won a variety of awards, including Bank Street Best Books, CCBC Choices, NSTA/CBC Outstanding Science Trade Books for Students K–12, Orbis Pictus Recommended, and *Science Books and Films* Best Books of the Year. Cathryn, a graduate of Western Carolina State University, taught early elementary school classes for thirty years. John holds a BS in wildlife biology from North Carolina State University. Combining his artistic skill and knowledge of wildlife, he has achieved an impressive reputation as a wildlife artist. The Sills live in Franklin, North Carolina.

CATHRYN Y JOHN SILL son el dúo dinámico que creó las series Sobre… y Sobre hábitats. Sus libros han merecido elogios de los educadores y ganado variedad de premios, incluyendo Bank Street Best Books, CCBC Choices, NSTA/CBC Outstanding Science Trade Books for Students K–12, Orbis Pictus Recommended y Science Books and Films Best Books of the Year. Cathryn, graduada de la Western Carolina State University, fue maestra de los primeros grados de la escuela primaria durante treinta años. John es licenciado en biología de vida silvestre por la North Carolina State University. Combinando sus conocimientos de la vida silvestre con sus destrezas artísticas, él ha adquirido una destacada reputación como artista de vida silvestre. Los Sill viven en Franklin, Carolina del Norte.

Fred Eldredge, Creative Image Photography